I have it in my own hands

Jouw taalblunder met je naam erbij in de opvolger
van *I have it in my own hands*?

You have it in your own hands!

Beste lezer,

Ben je geïnspireerd door de verkrachtingen van de Engelse
taal in *I have it in my own hands*? Ken je ook voorbeelden
van fouten die Nederlanders maken als zij Engels spreken?
En zou je deze graag in een boek terugzien?

Stuur dan jouw taalblunder naar ons op! Wij gaan deze
verzamelen en samenbrengen in een nieuw boekje: *You
have it in your own hands!*

Uiteraard vermelden we je naam bij jouw inzending en
ontvang je bij publicatie twee exemplaren van de nieuwe
uitgave. Aan iedere 25ste inzender geven we bovendien
een boek naar keuze uit het assortiment van BBNC uitgevers
cadeau.

Je kunt je taalblunder inzenden per e-mail via
inyourownhands@bbnc.nl of via Twitter:
www.twitter.com/inyourownhands. Vergeet niet je postadres
te vermelden!
Op www.bbnc.nl/inyourownhands kun je terecht voor meer
informatie.

Namens BBNC uitgevers,

Robin Meeuwisse
Redacteur

Jan Dijkgraaf

I HAVE IT IN MY OWN HANDS

Het hilarische Engels van Nederlanders

BBNC uitgevers
Rotterdam, 2010

© Copyright 2010, BBNC uitgevers bv, Rotterdam

Illustratie omslag: Sabrina Robles de Medina, Den Haag
Ontwerp omslag: Ferry Lindeman, Bussum
Opmaak binnenwerk: Elgraphic bv, Schiedam
Druk- en bindwerk: HooibergHaasbeek, Meppel

ISBN 978 90 453 1079 4

www.bbnc.nl

CONTENT

IN LEADING

You can go on my back, I told the spender of this little book when he asked me to write down al the bad English I heard since I first started to travel to the outsideland in 1994 for the male magazine Panorama. I was a very busy bossje and I really didn't know where I could find the time to gay all that shit on paper. Besides that: it's not the best advertising for my fellow countrynuts if someone pushes of the way we rape the beautiful language English. If good educated British or American readers will buy this book, we, the Dutchmen, stand for dick.

On the other side: if only one percent of all the people in the world that do speak English will buy this book, I will have shit on the image we have in the rest of the world. Because than I am rich enough to stop working and move to another country, where the sun is shining all day. And I'll give you, Dutchies, a fat middle finger on behalf of me, myself and I.

So I do it for the money and I promise you with a hand on my heart that I will not bring the income of this book to a tax paradise. I am not a member of the royal family, as you might know. No, I will give you, through your minister of Finance, 52 percent back of the millions of euro's I will earn with this book. And if the minister of Finance is not at his office, because he wants to spend time with his family, I will pay him through internetbanking. That is: if I can find my TAN-code and my PIN-thing.

So if you realise I wrote al this stuff with againstjoy, only for my beautiful wife Thea, my two bleedings of children Pim and Bob and your minister of Finance, I can safely say: get the clothes, people! As we speak I am sitting in a silver bird on my way to heaven – and you paid for it. Because I'm not an arrogant Amsterdammer I'm not sure it's worth every penny, but of course that is what I hope for. Why? That's why!

Jan Dijkgraaf

1
IN THE FAMILY

The ordinary wife told her daughter to keep her back. The father, a cock, sent his son to a dope ceremony in the church… Yes, people, the family life is big fun, against worthy! Things can farwalk much better when they use correct English, otherwise things walk in the hundred. So…

THE KID TOLD A STUPID MOP

Het kind vertelde een stomme mop

DOES HE BELIEVE A ROOM OF HIS OWN?

Belieft hij een kamer voor zichzelf?

KEEP YOUR BACK, SMALLIE!

Hou je bek, kleintje!

THEY STOPPED THE BABY IN BED

Ze stopten de baby in bed

WE ARE EATING BONES TONIGHT

We eten vanavond boontjes

A KID CAN DO THE LAUNDRY

Een kind kan de was doen

THE COCK IS GREAT!

De kok is fantastisch!

HAVE THE HEART!

Heb het hart!

THE BRIEF SHOCKED THE HOUSEWIFE

De brief shockeerde de huisvrouw

IT'S AN ORDINARY FAMILY

Het is een ordinaire familie

SHE BAKED THE CAKE WITH BAKEMAIL

Ze bakte de cake met bakmeel

PUT ON THE NAUGHTY SHOES

Trek de stoute schoenen aan

HE DOES EVERYTHING ON HIS DEAD AKER

Hij doet alles op zijn dode akkertje

THE MOTHER CANNOT GET RID OF HER EGG

De moeder kan haar ei niet kwijt

SHE HAD A BEAUTIFUL DOPE CEREMONY

Ze had een prachtige doopceremonie

JUST PUT CASE ON YOUR SANDWICH

Doe gewoon kaas op je boterham

NOW WE ARE UNDER EACH OTHER

Nu zijn we onder elkaar

TO ORDER SOMEONE TO EARTH

Iemand ter aarde bestellen

CAN YOU SHOW ME THE BEHIND DOOR?

Kun je me de achterdeur wijzen?

LITTLE POTS HAVE BIG EARS

Kleine potjes hebben grote oren

BEFORE DINNER THIS FAMILY LULLED A BIT

Voor het diner lulde de familie wat

THAT'S A BRUTAL LITTLE GIRL

Dat is een brutale kleine meid

THE BOY IS IN THE WAR

De jongen is in de war

THEY SPEND ALL THEIR MONEY IN FASTGOOD

Ze besteden al hun geld aan vastgoed

IT'S NOT A QUESTION, IT'S A BEVEL

Het is geen vraag, het is een bevel

DID HE HAVE A SLAG YET?

Heeft hij al een klap gehad?

THEY HAVE TWO KIDS, THAT SAW YOU GOOD

Ze hebben twee kinderen, dat zag je goed

THE BREAD ROOSTER IS IN THE KITCHEN

Het broodrooster is in de keuken

DADDY HAS IT ONS HIS HIPS

Vader heeft het op zijn heupen

THE KIDS HAVE THE RICH ALONE

De kinderen hebben het rijk alleen

SHE HAS THE PANTS ON

Zij heeft de broek aan

IT WALKS IN THE HUNDRED

Het loopt in het honderd

THEY SIT GOOD IN THEIR FELL

Zij zitten goed in hun vel

SPRAYER ELEVEN GIVES MUD TOO

Spuit elf geeft ook modder

SHE HIT A CRUISE IN THE CHURCH

Ze sloeg een kruisje in de kerk

MISS I SOMETHING?

Mis ik iets?

HE WENT THE PIPE OUT

Hij ging de pijp uit

2

BETWEEN MAN AND WOMAN

Is it still a bit fun for a man to bond himself to a woman? And othersaround? Nowadays she wears the pants, he doesn't have hair on his teeth anymore. And outside that: more and more women are pissing outside the pot and if he finally jumps out of the band too he's the dick.

SHE GOES OVER THE TONGUE

Ze gaat over de tong

HE IS BAKING SWEET BREADS

Hij bakt zoete broodjes

SHE WILL MAKE IT OUT

Ze wil het uitmaken

SHE HAS HIM BY THE BALLS

Ze heeft hem bij de ballen

HE SEES EVERYTHING THROUGH PINK GLASSES

Hij ziet alles door een roze bril

SHE GOES THROUGH THE KNEES

Ze gaat door de knieën

SHE HAS HAIR ON HER TEETH

Ze heeft haar op haar tanden

SHE STARTED AS A VERSION

Ze begon als een maagd

SHE ADDED THE DEED AT THE WORD

Ze voegde de daad bij het woord

HE WORE AN ADAM'S COSTUME

Hij droeg een Adamskostuum

HE HATES IT WHEN SHE WEARS A ROCK

Hij haat het als ze een rok draagt

THEY SHOULD WALK ON EGGS

Ze moeten op eieren lopen

LEAVE THE CHURCH BEFORE THE SINGING

Voor het zingen de kerk uit

THEY BOTH PLAY OPEN CARD

Ze spelen allebei open kaart

KEEP YOUR HEAD

Hou je hoofd

GO IN THE MISTAKE

In de fout gaan

SHE COMES ON HER PULLS

Ze komt aan haar trekken

THE WOMAN MADE A SLIPPERY

De vrouw maakte een slippertje

THUNDER UP!

Donder op!

DO SOME WATER BY THE WINE

Wat water bij de wijn doen

HOW CAN YOU HOLD IT OUT WITH HER?

Hoe kun je het uithouden met haar?

HAVE THE DICK ON SOMEONE

De pik op iemand hebben

HE JUMPS OUT OF THE BAND

Hij springt uit de band

HE PUT THE FLOWERS OUTSIDE

Hij zet de bloemetjes buiten

KEEP THIS SECRET UNDER US

Hou dit geheim onder ons

SHE HANGS ON HIS LIPS

Ze hangt aan zijn lippen

I WILL SEE IT THROUGH THE FINGERS

Ik zal het door de vingers zien

HE IS THE LAUGHING THIRD

Hij is de lachende derde

SHE KEEPS FULL

Ze houdt vol

I KNOW HER FROM OATS TO GROATS

Ik ken haar van haver tot gort

SHE IS TAKING OLD COWS OUT OF THE DITCH

Ze haalt oude koeien uit de sloot

SHE MAKES HIM OFF

Ze maakt hem af

SHE ASKED ME THE SHIRT OF THE BODY

Ze vroeg me het hemd van het lijf

HER WILL IS THE LAW

Haar wil is wet

THAT'S THE DIRT OF THE ANIMAL

Dat is de aard van het beestje

US KNOWS US

Ons kent ons

HE STANDS BEFORE MONKEY

Hij staat voor aap

HE IS THE CIGAR

Hij is de sigaar

HE WAS PUT ON THE WRONG LEG

Hij was op het verkeerde been gezet

SHE REALLY IS A TRUTH

Ze is echt een trut

SHE TOOK HIM IN THE BOAT

Ze nam hem in de boot

THAT IS COMPLETE SINLESS

Dat is compleet zinloos

SHE WALKED A BLUE ONE

Ze liep een blauwtje

HE PUT HER AGAINST THE WALL

Hij zette haar tegen de muur

IT'S COOK AND EGG BETWEEN THEM

Het is koek en ei tussen hen

THEY ARE CATCHING EACH OTHERS FLIES

Ze vangen elkaar vliegen af

WET YOUR BREAST, LADY!

Maak je borst maar nat, mevrouw!

AN OLD RAKE STILL LIKES A YOUNG LEAFLET

Een oude bok houdt nog wel van een jong blaadje

THAN SOMETHING WAVES

Dan zwaait er iets

FLY EACH OTHER IN THE HAIR

Elkaar in de haren vliegen

THAT IS THE HAM QUESTION

Dat is de hamvraag

HE HAS SHIT ON HIS BROTHER-IN-LAW

Hij heeft schijt aan zijn zwager

YOU SHOULD NOT EAT OF TWO WALLS

Je moet niet eten van twee walletjes

ALL MEN HATE THEIR CLEAN MOTHER

Alle mannen haten hun schoonmoeder

3
UNDER THE ROOF

When she finally has him by the balls and he buys her a ring, they have to live under one roof. If they didn't live in sin before, which is rather normal in the Netherlands. And than they have to hack through some nuts about who brings the garbage away and who cuts the flesh on Sunday. Domestic shit, ladies and gentlemen!

THAT'S FAR AWAY FROM MY BED

Dat is ver van mijn bed

YOU CAN WRITE THAT NEW HOUSE ON YOUR BELLY

Je kunt dat nieuwe huis op je buik schrijven

YOU CAN GO UP THE ROOF

Je kunt het dak op

HE MOVES TO THE OUTSIDE COUNTRY

Hij verhuist naar het buitenland

LOOK THE CAT OUT OF THE TREE

De kat uit de boom kijken

TO KICK IN AN OPEN DOOR

Een open deur intrappen

THE PHOTOGRAPH CAME BY CAR
De fotograaf kwam met de auto

HE IS IN THE BAD
Hij is in het bad

PUT YOUR COAT IN THE GANG
Doe je jas in de gang

THEY LIVE IN A CLOSET OF A HOUSE
Ze leven in een kast van een huis

LET'S GET ON TABLE
Laten we aan tafel gaan

WE ARE VERY HOSPITAL PEOPLE

We zijn een erg gastvrij volk

WHERE DOES SHE BEWARE THE COOKIES?

Waar bewaart ze de koekjes?

LET'S HACK THROUGH SOME NUTS

Laten we wat noten kraken

NEW BROOMS SWEEP CLEAN

Nieuwe bezems vegen schoon

HANG IT ON THE BIG CLOCK

Hang het aan de grote klok

THAT IS MUSTARD AFTER THE MEAL

Dat is mosterd na de maaltijd

YOUR OWN FIREPLACE IS WORTH GOLD

Eigen haard is goud waard

VISITORS AND FISH, STAY FRESH FOR THREE DAYS

Gasten en vis blijven drie dagen vers

HE CAME OUT OF THE CLOSET

Hij kwam uit de kast

THE WOMAN IS BAKING THE FLESH

De vrouw bakt het vlees

THE WATER WALKS HIM THROUGH THE MOUTH

Het water loopt hem door de mond

FALL IN THE HOUSE

Het huis binnenvallen

WE CANNOT GO THROUGH ONE DOOR TOGETHER

We kunnen niet met zijn tweeën door een deur

AS CRAZY AS A DOOR

Zo gek als een deur

WHAT THE FARMER DOESN'T KNOW, HE DOESN'T EAT

Wat de boer niet kent dat eet hij niet

SHE IS THE SUN IN THE HOUSE

Zij is het zonnetje in huis

SHE HANDS OUT THE SHEETS

Ze deelt de lakens uit

HE LAYS AT THE LEAD

Hij ligt aan de leiding

EVERYTHING IS UP

Alles is op

PLEASANT IS ONLY ONE FINGER LONG

Lekker is maar een vinger lang

WHO COMES FIRST, GRINDS FIRST
Wie het eerst komt, eerst maalt

COSINESS DOESN'T KNOW TIME
Gezelligheid kent geen tijd

BEANS COME FOR IT'S SALARY
Boontje komt om zijn loontje

YOU CAN'T EAT FROM A BEAUTIFUL PLATE
Van een mooi bord kun je niet eten

HE LOOKS HER ON THE FINGERS
Hij kijkt haar op de vingers

IT'S A SPICY BILL

Het is een pittige rekening

THE FOOD IS KEEPABLE TILL SATURDAY

Het voedsel is houdbaar tot zaterdag

WHO LIVES WITH DOGS, GETS FLEA

Wie met honden leeft, krijgt vlooien

THERE IS NO DIRT IN THE AIR

Er is geen vuiltje aan de lucht

THE TOILET IS TO THE MOON

Het toilet is naar de maan

A CRUMB IS BREAD TOO

Een kruimel is ook brood

TOO GOOD IS NEIGHBOURS SILLY

Te goed is buurmans gek

THERE IS NO MORE COOK

Er is geen koek meer

AS A WALKING FIRE...

Als een lopend vuurtje...

LOOK AT SEDIMENT

Koffiedik kijken

SHE CAME HOME WITH HANGING FEET

Ze kwam thuis met hangende pootjes

THAT ONE IS NOT FOR THE PUSSY

Die is niet voor de poes

THE HOUSE STANDS FOR SALE

Het huis staat te koop

SHE IS COOKED-THROUGH

Ze is doorgekookt

HE HAS A LOT IN HOUSE

Hij heeft veel in huis

THE DOOR STANDS ALWAYS OPEN

De deur staat altijd open

ARE THE PRIVATE PARTS UPSTAIRS?

Zijn de privé-ruimtes boven?

THE MAILMAN COULDN'T FIND THE BUS

De postbode kon de bus niet vinden

4

AT THE UNIVERSITY

Kids that want to hide from home have a hole in their head if they do not go to university. There they can throw with the pet at it, but they also could choose to be serious at all sinful lessons. Unless they are sick and have a diary, then the results might be bar and angry.

HE DOESN'T UNDERSTAND A BALL OF IT

Hij snapt er geen bal van

THROWING THE HAT AT IT

Er met de pet naar gooien

HE IS DOING BAR AND ANGRY

Hij presteert bar en boos

SHE DIDN'T FALL ON HER AFTER HEAD

Ze is niet op haar achterhoofd gevallen

HE FEELS SOMEONE'S HOT BREATH IN HIS NECK

Hij voelt iemands hete adem in zijn nek

THE ADMINISTRATION IS CUT

De administratie is kut

HE HAS A BROKEN EXAMPLE OF THAT BOOK

Hij heeft een kapot exemplaar van dat boek

HE IS READY WITH THE FIRST DEAL

Hij is klaar met het eerste deel

SHE PICKS IT UP VERY QUICKLY

Ze pikt het erg snel op

HE FELL WITH HIS NOSE IN THE BUTTER

Hij viel met zijn neus in de boter

HE IS THE COUCH OF THE FOOTBALL TEAM

Hij is de coach van het voetbalteam

CAN SHE GET THE PROJECT FROM THE GROUND?

Krijgt ze het project van de grond?

THAT WAS A SINFUL LESSON

Dat was een zinvolle les

THIS GUY SHOULD PUT THE HAND IN HIS OWN BOSOM

Deze kerel moet de hand in eigen boezem steken

SHE DID NOT ATE MUCH CHEESE OF IT

Ze heeft er niet veel kaas van gegeten

THE HEAD IS THERE OFF

De kop is eraf

CAN YOU PLEASE OVERHEAR ME?

Kun je me alsjeblieft overhoren?

THE STUDENT IS SICK, HE HAS DIARY

De student is ziek, hij heeft diarree

DON'T STORE HIM; HE'S LEARNING

Stoor hem niet; hij is aan het leren

WHAT HANGS US ABOVE THE HEAD?

Wat hangt ons boven het hoofd?

THE BITCH GOES ON HER BACK

De bitch gaat op haar bek

BITE YOURSELF FAST IN THIS CHAPTER

Bijt je vast in dit hoofdstuk

I HATE YOU WELCOME ON THIS SCHOOL

Ik heet je welkom op deze school

IN WHAT SEXY OF THE BOOK CAN I FIND THAT?

In welke sectie van het boek kan ik dat vinden?

ARE THERE ANY LIGHT POINTS?

Zijn er ook lichtpunten?

THIS TEACHER TALKS OUT OF HIS NECK

Deze leraar praat uit zijn nek

I'M NOT STUDYING FOR THE CAT'S VIOLIN

Ik studeer niet voor de kat z'n viool

ARE YOU WORKED IN ALREADY?

Ben je al ingewerkt?

NO DIPLOMA IS A RAMP NOWADAYS

Geen diploma is tegenwoordig een ramp

HE IS GOOD AT THE TIME

Hij is goed bij de tijd

WILL THE PROJECT COME OF THE GROUND?

Zal het project van de grond komen?

WHAT FOR STUDY IS SHE DOING?

Wat voor studie doet zij?

THIS IS NOT THE FIRST, THE BEST

Dit is niet de eerste, de beste

HE IS NOT A BIG LIGHT

Hij is geen groot licht

I HAVE IT IN MY OWN HANDS

Ik heb het in mijn eigen handen

THE STICKLER WINS

De aanhouder wint

HE IS IN HIS SECOND PERIOD OF HIS STUDY

Hij is in de tweede periode van zijn studie

THERE'S A WASH LIST OF ACTIVITIES

Er is een waslijst aan activiteiten

I SADDLE YOU UP WITH A PROBLEM

Ik zadel je op met een probleem

IS THERE A STUDY FOR UNDERTAKERS?

Is er een studie voor ondernemers?

HE HAS TWO IRONS IN THE FIRE

Hij heeft twee ijzers in het vuur

5
ON THE JOB

When you tell your boss she's a member of the direction, it's sure that she thinks you look like a flag on a mud ship when she sends you to Londen for business. So you have to put everything on everything to come in a good leaflet again. Unless she decided to put you in the shadow right away.

HE IS LICKING TO UPSTAIRS

Hij likt naar boven

DO YOUR THING

Doe je ding

HE PUTS EVERYTHING ON EVERYTHING

Hij zet alles op alles

SELL APPLES FOR LEMONS

Appels voor citroenen verkopen

THIS IS A HAMMERPIECE

Dit is een hamerstuk

TO TAKE SOMEONE IN THE ARM

Iemand in de arm nemen

WE WILL PUT ON A TREE

We zullen een boom opzetten

DON'T PUT A MESS IN MY BACK

Steek geen mes in mijn rug

SHE'S A MEMBER OF THE DIRECTION

Ze is een lid van de directie

HE STANDS BEFORE POLE

Hij staat voor paal

WE SHOULD PUT THE DOTS ON THE I'S

We moeten de puntjes op de i zetten

IT GOES ABOVE MY HAT

Het gaat me boven de pet

THE RESTAURANT IS SUCKING ONE COCK

Het restaurant zoekt een kok

THE JOB WALKS OUT

De klus loopt uit

WE SHOULD LEAVE IT HERE BY

We moeten het hierbij laten

IF YOU SAIL APPLES, YOU EAT APPLES

Wie appelen vaart, eet appels

THAT LOOKS LIKE A FLAG ON A MUD SHIP

Dat ziet er uit als een vlag op een modderschuit

I CANNOT SAY PAP ANYMORE

Ik kan geen pap meer zeggen

WHAT QUESTION IS PLAYING?

Welke vraag speelt er?

HE IS A PROFESSIONAL DOG FOCKER

Hij is een professioneel hondenfokker

GO IN SEA WITH SOMEONE

Met iemand in zee gaan

IT IS IN JUGS AND STONE BOTTLES

Het is in kannen en kruiken

HE IS CARRYING WATER TO THE SEA

Hij draagt water naar de zee

HE DEALS OUT THE ORDERS

Hij deelt de orders uit

I WAS STEPT ON MY DICK

Ik ben op mijn pik getrapt

SORRY, I WAS TOO LATE

Sorry, ik was te laat

HE HAS A DIKE OF A JOB

Hij heeft een dijk van een baan

IS THERE ANY HANDLE IN MAGAZINES?

Zit er enige handel in tijdschriften?

SHE IS PICKING UP A WHITE FOOT

Ze haalt een wit voetje

PUT SOMEONE ON HIS NUMBER

Iemand op zijn nummer zetten

IT'S ALWAYS HIM WHO GETS IT ON HIS SANDWICH

Hij krijgt het altijd op zijn brood

HE SHOVED IT ON THE LONG TRACK

Hij schoof het op de lange baan

HE POLISHES THE PLATE

Hij poetst de plaat

SEW SOMEONE AN EAR ON

Iemand een oor aannaaien

IT WALKS OUT THE HAND

Het loopt uit de hand

PRICK THROUGH ALL HIS ARGUMENTS

Door al zijn argumenten heen prikken

THERE'S ALWAYS BOSS ABOVE BOSS

Er is altijd baas boven baas

WE WILL WASH THAT LITTLE PIG

We zullen dat varkentje even wassen

WHAT ARE THE BREAKING POINTS?

Wat zijn de breekpunten?

I DO MY PEE OVER IT

Ik doe er mijn plasje over

WHO IS THE FRONTSITTER?

Wie is de voorzitter?

THAT HITS LIKE A FORCEPS ON A PIG

Dat slaat als een tang op een varken

MANY HANDS MAKE LIGHT WORK

Vele handen maken licht werk

I ALWAYS HAVE TO PICK THE CHESTNUTS OUT OF THE FIRE

Ik moet altijd de kastanjes uit het vuur halen

COME ON, IT IS AFTER THE BACK

Kom op, het is achter de rug

HE IS WALKING NEXT TO HIS SHOES

Hij loopt naast zijn schoenen

THE ICE WAS BROKEN

Het ijs was gebroken

CAN YOU GIVE ME A LITTLE BELL?

Kun je mij een belletje geven?

A GOOD NAME IS BETTER THAN GOOD OIL

Een goede naam is beter dan goede olie

THAT MOUSE WIL GET A TAIL

Dat muisje krijgt nog een staartje

HE PUSHES HIS MOUSTACHE

Hij drukt zijn snor

I READ HIM THE LESSON

Ik lees hem de les

I WILL PLAY ON MY LEG

Ik zal op mijn poot spelen

THE PROJECT IS WALKING IN THE SOUP

Het project loopt in de soep

IT WILL COME FOR THE BAKER

Het komt voor de bakker

BETWEEN THE COMPANY'S THROUGH

Tussen de bedrijven door

I WANT A FINGER IN THE PAP

Ik wil een vinger in de pap

HE WENT WITH PENSION

Hij ging met pensioen

HE DOESN'T SEE A LEG IN IT

Hij ziet er geen been in

THAT DOESN'T CUT WOOD

Dat snijdt geen hout

CLEAN THE SHIP

Schoon schip maken

GOING OUTSIDE HIS BOOK

Buiten zijn boekje gaan

YOU CAN SUCK A DOT ON IT

Je kunt er een puntje aan zuigen

HE HAS A BROTHER DEAD ON WORKING

Hij heeft een broertje dood aan werken

SHE LOST THE THREAT

Ze is de draad kwijt

PATIENCE IS A CLEAN CASE

Geduld is een schone zaak

6
IN THE WALLET

Money doesn't make you happy, but it helps you well. Or so something. To prevent you to get to the begging staff, it's smart to deliver yourself a decent income. There by it is the goal to get inside in the end, so that you can enjoy a non worried old day. It is easy when you watch the small ones in the meantime.

IT'S AN APPLE FOR THE THIRST

Het is een appeltje voor de dorst

TOKEN BY THE BANK

Door de bank genomen

HE IS ON THE BEGGING STAFF

Hij is aan de bedelstaf

HAND ON THE CUT

Hand op de knip

BUTTER AT THE FISH

Boter bij de vis

NOTHING ON THE HAND WITH THIS BILL

Niks aan de hand met deze rekening

THEY PUT ON A TOO LARGE PANTS

Ze trokken een te grote broek aan

MORE MONEY IS BREAD NECESSARY

Meer geld is broodnodig

WATCH THE SMALL ONES

Let op de kleintjes

IT IS AGAINST THE WET

Het is tegen de wet

PET OFF FOR THE BANKER

Petje af voor de bankier

CAN YOU DEAL OUT THE SALARYSTROKES?

Kun jij de salarisstroken uitdelen?

IT'S A WHISTLE OF A CENT

Het is een fluitje van een cent

STAND STILL BY YOUR BANKCHOICE

Sta stil bij je bankkeuze

I WANTED TO BUY IT AGAINST EVERY PRICE

Ik wilde het tegen elke prijs kopen

THEY SIT ON BLACK SEED

Ze zitten op zwart zaad

IS THE LOAN ALREADY ROUND?

Is de lening al rond?

WHAT KIND OF MUNT IS THIS?

Wat voor munt is dit?

THE QUARTER FELL

Het kwartje viel

SHE PICKED SOME MONEY

Ze pikte wat geld

WHAT DO YOU HAVE OVER FOR IT?

Wat heb je er voor over?

STOP YOUR MONEY IN YOUR WALLET

Stop je geld in je portemonnee

HE TOOK A LOANING

Hij nam een lening

DOES IT BRING UP MUCH?

Brengt het veel op?

HE IS THE CHILD OF THE BILL

Hij is het kind van de rekening

CAN YOU BUY IT OUT?

Kun je het uitverkopen?

SHE LIVES ON LARGE FOOT

Ze leeft op grote voet

HE SWITCHED SOMEONE'S LEG OFF

Hij draaide iemand een poot uit

HE HAS TO TURN AROUND EVERY LITTLE DOUBLE

Hij moet elk dubbeltje omkeren

IT'S A LITTLE DOUBLE ON IT'S SIDE

Het is een dubbeltje op zijn kant

HE LETS IT HANG OUT OF HIS PANTS
A LONG WAY

Hij laat het groot uit de broek hangen

FOR THE SAME MONEY

Voor hetzelfde geld

MONEY DOESN'T STINK

Geld stinkt niet

IS THERE ANY MONEY OVER?

Is er nog geld over?

YOU CAN'T PICK OF A BOLD CHICKEN

Je kunt niet plukken van een kale kip

CHEAP IS EXPENSIVE

Goedkoop is duurkoop

YOU DON'T GET IT FOR NOTHING

Je krijgt het niet voor niets

YOU'RE BROKE, LET IT LOOSE!

Je bent gebroken, laat het los!

WHO SAVES SOMETHING, HAS SOMETHING

Wie wat bewaart, heeft wat

THROW MONEY OVER THE BEAM

Geld over de balk smijten

THAT'S NO MONEY

Dat is geen geld

MONEY MUST ROLE

Geld moet rollen

IT'S LIKE YOU THROW EMPTY A BUCKET

Het is alsof je een emmer leeg gooit

THE MONEY DOESN'T GROW ON MY BACK

Het geld groeit me niet op de rug

7

DURING HOLIDAYS

Is your vacancy one of the nicest periods of your year? We don't hope so! We'd rather see (or hear) you speak some proper English. If you don't, you can get in trouble when you tell the harber master that the fart left you less than twenty seconds earlier. Especially when the guy is a flicker.

IT DISSAPEARED AS SNOW FOR THE SUN

Het verdween als sneeuw voor de zon

I CAN SEE THE BOOT IN THE WATER

Ik kan de boot in het water zien

MY NEXT VACANCY IS TO THE SUN

Mijn volgende vakantie is naar de zon

THE LUGGAGE SITS FAST

De bagage zit vast

WHEN DOES THE FART LEAVE?

Wanneer vertrekt de vaart?

YOU HAVE TO PUT A HELM ON YOUR HEAD

Je moet een helm op je hoofd zetten

YOU CAN FIND THE BOAT IN THE HEAVEN

Je kunt de boot in de haven vinden

EVENTUALLY WE WILL STAY IN AN APPARTMENT

Eventueel zullen we in een appartement verblijven

I ONLY EAT DROP DURING HOLIDAYS

Ik eet tijdens vakanties alleen drop

THE ANIMATION TEAM WAS OLD COOK

Het animatieteam was oude koek

CHINA? PUT THAT OUT OF YOUR HEAD!

China? Zet dat uit je hoofd!

WE SLEPT IN A PENSION

We sliepen in een pension

AFTER THE HOLIDAY I WAS BLUT

Na de vakantie was ik blut

DURING THE RAIN THEY MADE A LEG PUZZLE

Tijdens de regen maakten ze een legpuzzel

THEY LIVE IN A CAMPER

Ze leven in een camper

HE HAS A FARMER'S CAMPING

Hij heeft een boerderijcamping

CAN YOU SKY A LITTLE?

Kun jij een beetje skiën?

THE PISTE WAS MADE OF ART SNOW

De piste was gemaakt van kunstsneeuw

THE GIRLS LOVES WATERSPORT

De meisjes houden van watersport

CAN YOU GIVE ME A TIP?

Kunt u me een tip geven?

WE WILL TRAVEL WITH A PLAIN

We zullen met een vliegtuig reizen

THE AIR BED WALKS EMPTY EVERY NIGHT

Het luchtbed loopt elke nacht leeg

WE WILL MEET AT THE FLY FIELD

We ontmoeten elkaar op het vliegveld

MAY I SLEEP ON A STRETCHER?

Mag ik op een stretcher slapen?

I CANNOT COOK ON ONE PIT

Ik kan niet koken op een pit

WHERE CAN I BUY AN UPLOADER FOR MY TELEPHONE?

Waar kan ik een oplader voor mijn telefoon kopen?

THERE GOES NOTHING ABOVE GRONINGEN

Er gaat niets boven Groningen

NOT ONLY THE TAXI DRIVERS IN AMSTERDAM PUT YOU OFF

Niet alleen de taxichauffeurs in Amsterdam

zetten je af

8

ON THE ROAD

If you are going to travel a whole end, it is not smart to take a slow travel middle like a bicycle. A bicycle, especially an old one, is a thing you can learn it on, but for the long distances you'd better take the silver bird. And when you're on your way: stay away from glad ice!

YOU HAVE TO LEARN IT ON AN OLD BICYCLE

Op een oude fiets moet je het leren

WE WILL TRAVEL WITH THE SILVER BIRD

We reizen met de zilveren vogel

SHE SITS ON THE BACK OF THE MOTOR

Ze zit achterop de motor

THE OUTLET OF THE CAR SMELLS TERRIBLE

De uitlaat van de auto ruikt verschrikkelijk

HE CAME BY LEG CAR

Hij kwam met de benenwagen

DON'T FORGET TO SEARCH US UP

Vergeet niet ons op te zoeken

WHERE DOES THE RICE BRING YOU TO?

Waar brengt de reis je naartoe?

YOU CAN SEE IT ON THE BOARD

Je kunt het zien op het bord

IT IS WALKING LIKE A TRAIN

Het loopt als een trein

IT KNOCKS LIKE A BUSS

Het klopt als een bus

ON THAT BICYCLE

Op die fiets

THE BOAT IS DRIVING ON THE WATER

De boot drijft op het water

SHE LEGS AWAY

Ze beent weg

CAN YOU CALL ME UP WHEN YOU ARRIVED?

Kun je me opbellen als je gearriveerd bent?

WHERE DOES HE GO TO?

Waar gaat hij naar toe?

SHE IS GOOD ON ROAD

Ze is goed op weg

THEY ARE ON GLAD ICE

Ze zijn op glad ijs

HE SHOWED ME THE ROAD

Hij showde me de weg

SHE DRIVES ON THE FAST WAY

Ze rijdt op de snelweg

IT IS A ONE DAY FLY

Het is een eendagsvlieg

IT WALKS OUT

Het loopt uit

HOW MANY COFFERS DO YOU HAVE?

Hoe veel koffers heb je?

WHAT'S HANGING ON MY BICYLE?

Wat hangt er aan mijn fiets?

ASK FOR THE WELL KNOWN ROAD

Vragen naar de bekende weg

IS THAT AN INSIDE WAY?

Is dat een binnenweg?

HE HAS BEEN OVERALL IN THE WORLD

Hij is overal op de wereld geweest

SHE GAVE AGAINST GAS

Ze gaf tegengas

THE COWBOY DRIVES ON A MERRY

De cowboy rijdt op een merrie

SHE IS UNDER WAY

Ze is onderweg

I CAN FEEL IT ON MY WOODEN SHOES

Ik kan het op mijn klompen aanvoelen

PUT THE HORSE BEHIND THE CAR

Het paard achter de wagen spannen

THAT IS A WALKING TYRE

Dat is een lopende band

IT'S A WHOLE END TO MADRID

Het is een heel eind naar Madrid

YOU HAVE TO STEP OVER FOUR TIMES

Je moet vier keer overstappen

NOT A HAIR ON MY HEAD THINKS ABOUT DRIVING A PRIUS

Geen haar op mijn hoofd die er aan denkt

een Prius te rijden

9

IN THE MEDIA

In the Netherlands there's a football trainer who always says that the media are stupid, but he is underestimating the power of the pen. Even if we know tomorrow the fish will lay in it: media are strong, because they are believe worthy. But watch out for the guy of No Style!

THERE IS NO BALL ON TV

Er is geen bal op de tv

TOMORROW THE FISH WILL LAY IN IT

Morgen ligt de vis er in

EVERS STANDS UP

Evers staat op

DON'T UNDERESTIMATE THE POWER OF THE PEN

Onderschat de kracht van de pen niet

THE NEWSPAPER BRINGS THE LIES IN THE LAND

De krant brengt de leugens in het land

THE CIRCULATION OF HP/DE TIJD WILL SPRING THIS YEAR

De oplage van HP/De Tijd zal exploderen dit jaar

THE COMPUTER IS HANGING

De computer hangt

ONE PICTURE SAYS MORE THAN THOUSAND WORDS

Een foto zegt meer dan duizend woorden

WE WILL GET HIM ON SENDER QUICKLY

We krijgen hem snel op zender

HE IS ON THE RADIO

Hij is op de radio

THAT TV-GUY MUST BE A FLICKER

Die tv-gozer moet een flikker zijn

DO THEY TAKE IT UP?

Nemen ze het op?

THE PEN IS MIGHTIER THAN THE SWORD

De pen is machtiger dan het zwaard

IT'S NO PROBLEM TO HAVE SEX ON TV

Het is geen probleem om sex op tv te hebben

YOU CANNOT KILL FLIES WITH A TV

Je kunt geen vliegen doodslaan met een tv

DON'T ANSWER A BRIEF WHEN YOU'RE MAD

Beantwoord een brief niet als je boos bent

NICE PROGRAM, SAY BUT

Leuk programma, zeg maar

HE WANTS TO COME IN A GOOD MAGAZINE

Hij wil in een goed blaadje komen

THERE WAS NO CHICKEN AT THE CONCERT

Er was geen kip bij het concert

THE NEWS CAME HOT OF THE NEEDLE

Het nieuws kwam heet van de naald

WHERE CAN I BUY THE PEOPLE'S PAPER?

Waar kan ik de Volkskrant kopen?

I WILL TAKE YOU TO THE FILM

Ik neem je mee naar de film

BE FAR CHILLY

Wees verschillig

INTERNET LAYS THERE OUT

Internet ligt er uit

WHERE CAN I BUY CARDS FOR THE CONCERT?

Waar kan ik kaarten voor het concert kopen?

THEY SHOULD STOP THE WORLD TURNS THROUGH

Ze moeten De Wereld Draait Door stoppen

I WILL SEND YOU A MALE

Ik stuur je een e-mail

THE GREEN AMSTERDAMMER IS A TINY LITTLE TIME EXERCISE BOOK

De Groene Amsterdammer is een klein tijdschrift

CHINESE READ FROM BEHIND TO FRONT

Chinezen lezen van achteren naar voren

IS THAT THE GUY OF NO STYLE?

Is dat die gast van GeenStijl?

10

ABOUT CHARACTERS

People almost never are what they seem to be. So the guy who tells his name is hare is a lyer. And if he also goes over corpes, you really have to look out for him. On the other side we see the guy that doesn't hurt a flie. That's a loser too. He needs some paper in his ass.

HE HAS IT BEHIND THE ELBOWS

Hij heeft het achter de ellebogen

MY NAME IS HARE

Mijn naam is haas

HE IS HEAVY ON THE HAND

Hij is zwaar op de hand

HE ALWAYS KEEPS FOOT AT PIECE

Hij houdt altijd voet bij stuk

HE IS NOT GOOD AT HIS HEAD

Hij is niet goed bij zijn hoofd

SHE CAN NOT BE CAUGHT FOR ONE HOLE

Zij is niet voor een gat te vangen

HE ALWAYS KEEPS SOMETHING BEHIND THE HAND

Hij houdt altijd iets achter de hand

YOU CAN'T SAIL ANY COUNTRY WITH HIM

Je kan geen land met hem bezeilen

HE STOOD THERE FOR JAN WITH THE SHORT FAMILY-NAME

Hij stond voor Jan met de korte achternaam

THIS GUY IS GOING OVER CORPSES

Deze kerel gaat over lijken

THIS IS A HERO ON SOCKS

Dit is een held op sokken

SHE BLOWS HIGH FROM THE TOWER

Ze blaast hoog van de toren

HE DOESN'T HURT A FLIE

Hij doet geen vlieg kwaad

THIS GUY NEEDS SOME PAPER IN HIS ASS

Deze gast heeft wat peper in zijn reet nodig

THE HIGHER THE HEART, THE LOWER THE SOUL

Hoe hoger het hart, des te lager de ziel

SHE PUTS SALT ON ANY SNAIL

Ze legt zout op elke slak

HE IS A HAPPINESS BIRD

Hij is een geluksvogel

HE DOESN'T PICK ANYTHING

Hij pikt niets

QUEEN BEATRIX IS RATHER IDLE

Koningin Beatrix is nogal ijdel

SHE HAS EVERYTHING IN THE GATES

Ze heeft alles in de gaten

EVERYTHING IS A SAUSAGE FOR ME

Alles zal me een worst zijn

HE IS A REAL STROUSE BIRD

Hij is een echte struisvogel

HE LIMES YOU WITH A WET FINGER

Hij lijmt je met een natte vinger

THE GUY CANNOT STOP LOOKING IN THE GLASS TOO DEEP

De man kan niet stoppen met te diep in het glas kijken

HE NEVER MAKES ANYTHING HARD

Hij maakt nooit iets hard

SHE IS, LESS OR MORE, A COWARD

Ze is, min of meer, een lafaard

HE TALKS LIKE A MEMBER OF THE SECOND ROOM

Hij praat als een lid van de Tweede Kamer

YOU SHOULD SEE IT THROUGH THE FINGERS

Je moet het door de vingers zien

SHE TALKS WITH MALE IN HER MOUTH

Ze praat met meel in haar mond

11
ON THE FIELD

The referee that whistles in the ghost of the game is an exception these days. Normally on the football field you will see a man in black who has nothing to say at home and at his work. A man that never won a flat prize himself. When he is real cut, we call him a dirty home whistler. Because it can.

THEY HAVE TO PUSH THROUGH

Ze moeten doordrukken

IT IS A DRAGON OF A GAME

Het is een draak van een wedstrijd

HE GAVE HIM A KNEE

Hij gaf hem een knietje

YOU SHOULD NOT LOOK A GIVEN HORSE IN THE MOUTH

Je moet een gegeven paard niet in de bek kijken

DO NOT PEEL WITH THE BALL

Niet pielen met de bal

THEY PLAY HIGH GAME

Ze spelen hoog spel

HE WHISTLES IN THE GHOST OF THE GAME

Hij fluit in de geest van de wedstrijd

HE SHOT WITH HIS CHOCOLATE LEG

Hij schoot met zijn chocoladebeen

THAT IS AN AUDIENCECHANGE

Dat is een publiekswissel

THEY PLAYED TOTAL FOOTBALL

Ze speelden totaalvoetbal

THEY PLAYED FOR ONE AND A HALF MAN AND A HORSE HEAD

Ze speelden voor anderhalve man en een paardenkop

HE NEVER WON A FLAT PRIZE

Hij won nooit een platte prijs

WE PULLED HER OVER THE LINE

We trokken haar over de streep

HE THROWS OUT A FISH

Hij gooit een visje uit

A NOSE FOR THE GOAL

Een neus voor de goal

WE GAVE BUT LITTLE AWAY

We gaven maar weinig weg

YOU SHOULD PUT THAT BALL IN WITH YOUR DICK

Je zou die bal er met je lul nog moeten inleggen

HE PUT HIM ON A ROUND

Hij zette hem op een ronde

SHE THROWS HIGH EYES

Ze gooit hoge ogen

HE TOOK HIM TO GRAZE

Hij nam hem te grazen

IT SHOULD COME OUT OF HIS TOES

Het moet uit zijn tenen komen

IN THE ROSE!

In de roos!

WE WILL KEEP AN EYE IN THE SAIL

We houden een oogje in het zeil

IT'S HARDER TO STAY ON TOP THAN TO GET ON TOP

Het is moeilijker aan de top te blijven dan er te komen

THEY LET FALL A HOLE

Ze lieten een gat vallen

DIRTY HOMEWHISTLER

Vieze thuisfluiter

THEY ARE FIGHTING ON THE SHARPEST OF THE CUT

Ze vechten op het scherpst van de snede

IT IS ON OR UNDER IT

Het is erop of eronder

HE IS AT HIS BEST IN THE THIRD HALF

Hij is op zijn best in de derde helft

HE IS PICKING ON THE GUY WHO PASSED HIM

Hij schopt naar de man die hem passeerde

HE HAS GOOD LEGS

Hij heeft goede benen

WHAT'S GOOD WILL DRIVE ABOVE

Wat goed is, komt bovendrijven

HE HAS AN ANGEL ON THE POST

Hij heeft een engeltje op de lat

SHE TIMBERS ON THE ROAD

Ze timmert aan de weg

THE DEFENSE IS A HOLECHEESE

De verdediging is een gatenkaas

ON THE BIG MILL

Op de grote molen

THE BALL CAME HIGH FOR THE POT

De bal kwam hoog voor de pot

HE HAS A HUNGER KNOCK!

Hij heeft een hongerklop!

SANDBAGS IN FRONT OF THE DOOR

Zandzakken voor de deur

ALL NOSES SHOULD POINT IN THE SAME DIRECTION

Alle neuzen moeten dezelfde kant uitwijzen

HE IMMEDIATELY PULLED OF LEATHER

Hij trok onmiddellijk van leer

THE EARLY GOAL GAVE THEM WINGS

Het vroege doelpunt gaf hen vleugels

HE IS GOING ON A TICKET

Hij gaat op de bon

HE DOESN'T UNDERSTAND THE BALLS OF IT

Hij snapt er de ballen van

THAT IS PUPIL FOOTBALL

Dat is pupillenvoetbal

HE STANDS ON SHARP

Hij staat op scherp

YOU HAVE TO ROW WITH THE BELTS YOU HAVE

Je moet roeien met de riemen die je hebt

THEY PUT IT IN THE BOOKS

Ze zetten het in de boeken

HE GOES UNDER SAIL

Hij gaat onder zeil

LAST WORDS

I like to say thank you well to my boss Thea for feeding me, my bleedings of children Pim and Bob for their encouraging comments like 'Shoot a bit up, old man' and of course all my other family, friends and knowledges.

If you liked it a little bit and you are wearing your heart at the right place, I have news for you! Of every euro I deserve above one million (after offpull of the taxes) by selling this little book, I will give fifty percent to a good goal. My wife decided this goal is… she! So I want to guess you on: buy more examples of my book and give them to anybody you like on birthdays, Christmas, Sinterklase, father's day, mother's day, Valentine's day or any other day of the year. Or just throw the extra books in the garbage back. It interests me no fuck.

Well, see you on the next episode of *I Have It In My Own Hands*, which, by the way, is stolen of Louis van Gaal, the footballcoach that had many successes at A**x, Barcelona, AZ and even Bayern München and who is pretty sure he would be the best minister president of the Netherlands too, if he would have the time for it. Or, even better, president of the whole world. A be-divorce man, so to say.

Bye, bye, wave, wave!

Jan Dijkgraaf

Jouw taalblunder met je naam erbij in de opvolger van *I have it in my own hands*?

You have it in your own hands!

Beste lezer,

Ben je geïnspireerd door de verkrachtingen van de Engelse taal in *I have it in my own hands*? Ken je ook voorbeelden van fouten die Nederlanders maken als zij Engels spreken? En zou je deze graag in een boek terugzien?

Stuur dan jouw taalblunder naar ons op! Wij gaan deze verzamelen en samenbrengen in een nieuw boekje: *You have it in your own hands!*

Uiteraard vermelden we je naam bij jouw inzending en ontvang je bij publicatie twee exemplaren van de nieuwe uitgave. Aan iedere 25ste inzender geven we bovendien een boek naar keuze uit het assortiment van BBNC uitgevers cadeau.

Je kunt je taalblunder inzenden per e-mail via inyourownhands@bbnc.nl of via Twitter: www.twitter.com/inyourownhands. Vergeet niet je postadres te vermelden!
Op www.bbnc.nl/inyourownhands kun je terecht voor meer informatie.

Namens BBNC uitgevers,

Robin Meeuwisse
Redacteur